春らしいモチーフをつなげて
いちごの吊るし飾り

0・1・2
歳児

子どもたちの大好きないちごがいっぱい！
顔をのぞかせた動物たちとの会話で、
保育にひろがりが生まれそう。

● 型紙 **72**ページ

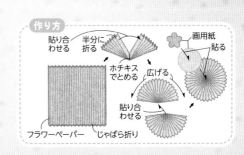

作り方

貼り合
わせる
半分に
折る
ホチキス
でとめる
広げる
貼る
画用紙
貼り合
わせる
フラワーペーパー
じゃばら折り

ほっと落ち着ける保育室に

さくらの気球に乗って

気球の台紙が見えるように
フラワーペーパーを貼るのが、
ふわっと軽やかに見せるポイント。

● 型紙 **73**ページ

Point!

重ねたフラワーペーパーをねじるだけで、さくら満開の雰囲気に。

作り方

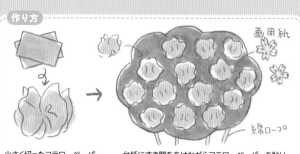

画用紙

綿ロープ

小さく切ったフラワーペーパー
2枚をずらして重ね、
真ん中をねじる

台紙にすき間をあけながらフラワーペーパーを貼り、
画用紙の花を上に貼る

みんなで一緒に
ちょうちょうと歌おうよ♪

動物たちがちょうちょうに
変身した、メルヘンの世界。
楽しい歌が聞こえてきそう。

•型紙 **74**ページ

Point!

不織布にしわを寄せ
て、ちょうちょうの羽
を軽やかに表現します。

0・1・2
歳児

お花み〜つけた！
ベビー赤ずきんちゃん

幼い赤ずきんちゃんと
おおかみが、一緒にお花摘み。
優しい色使いでまとまった、
乳児さんにピッタリの壁面です。

•型紙 **74**ページ

あま〜いにおい♪

うきうきいちご摘み

いちごと葉っぱは下に並べて、
横長の壁を生かしたいちご畑に。

●型紙 **75**ページ

Point!

ピンキングはさみを使
えば、ぎざぎざの葉が
簡単に作れます。

こっちだよ！
春を迎えに行こう

黄緑の画用紙に同系色のタンポで
野原の草花に。ちょうちょうや、
小花の中心に光る素材を使って、
キラキラした春を演出します。

・型紙 **75ページ**

Point!

2色のフラワーペー
パーを重ねて、
ふんわりした花に。

なかよくしようね♪
にわとり先生と
お散歩

黄緑色の台紙でまとまりを持たせ、
ひよことにわとりを際だたせます。
包装紙のかわいい帽子がアクセント。

● 型紙 **76** ページ

摘みたて♥
いちごのポット

ハギレで温かみのあるいちごに。
さりげなく窓辺などに飾って
小さな春を楽しみましょう。

● 型紙 **77** ページ

作り方

切り紙で華やかに
さくら満開の窓飾り

染めた障子紙や包装紙、折り紙を切り紙したさくらを、
窓いっぱいに咲かせます。
リボンを飾ればお祝いモードに！

● 型紙 **77** ページ

Point!
光に透ける障子紙や折り
紙で、軽やかな印象に。

5月

元気いっぱい!

こいのぼりと大空へ

こいのぼりと空高く飛んでいく
動物たちに、これから成長する
子どもたちの姿を重ね合わせて。

・型紙 **78**ページ

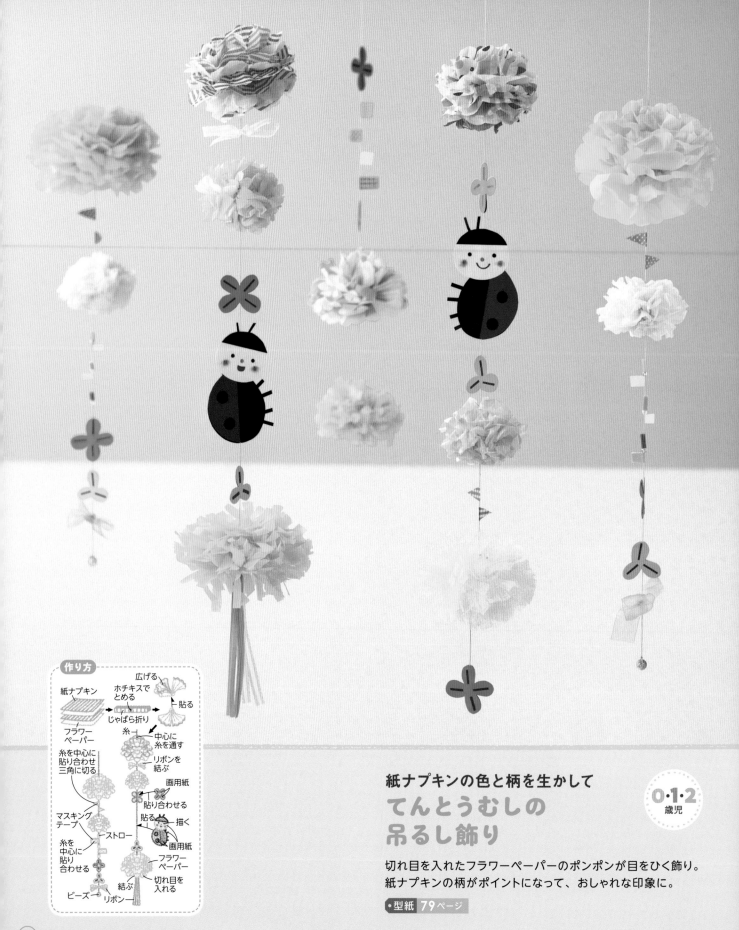

作り方

紙ナプキン
フラワーペーパー
広げる
ホチキスでとめる
貼る
じゃばら折り
糸
中心に糸を通す
リボンを結ぶ
糸を中心に貼り合わせ三角に切る
画用紙
貼り合わせる
マスキングテープ
貼る
描く
ストロー
画用紙
糸を中心に貼り合わせ
フラワーペーパー
切れ目を入れる
ビーズ
結ぶ
リボン

紙ナプキンの色と柄を生かして

てんとうむしの
吊るし飾り

切れ目を入れたフラワーペーパーのポンポンが目をひく飾り。
紙ナプキンの柄がポイントになって、おしゃれな印象に。

● 型紙 **79**ページ

0・1・2
歳児

簡単に立体的な木を表現！
ピクニック楽しいな♪

木は包装紙を使って、ポップな印象に。
だ円の台紙にモチーフを収めるように
飾れば、簡単に配置できます。

● 型紙 **79** ページ

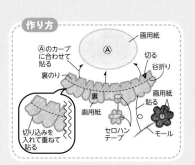

作り方

Point!

木は中央で折った紙の重ね切りで
同じ形を一気に作ります。大中小
のパーツを重ねるだけで、簡単に
立体的な木になります。

さやがふっくら！
えんどうまめの ブランコ

数個の綿のかたまりを厚紙にのせ、
不織布で包むと、
まるで豆が入っているさやのよう。
明るいグリーンで新鮮な印象に！

● 型紙 **80ページ**

パステルカラーでさわやかに
妖精ちゃんの すずらんマーチ♪

淡い色合いの妖精たちは
チュールを重ねたドレスで、
可憐なすずらんにぴったり！
すずらんの花は、
切り込みを入れて立体感を出して。

● 型紙 **80ページ**

"じめじめ"を吹き飛ばそう！
ふんわり風にのって

水色と白色の不織布を重ねると、
さわやかなマーガレットに！
のびのびとしたイメージが保育室にひろがりそう。

● 型紙 81ページ

Point!

立体感が出るよう、花
びらは一部分をつぼめ
て貼って。水色が入る
ことで白壁にも映えます。

窓ならではの素材を使って
カラフル風船の窓飾り

画用紙以外に、包装紙や光を通す
グラスタックカラーもプラスして
カラフル&透明感のある風船に。

●型紙 82ページ

グリーン系の花で春らしさを
スプリングフラワーのリース

グリーン系のフラワーペーパーと画用紙の花を
組み合わせて、丸いリース形に。

・型紙 **83ページ**

Point!

フラワーペーパーの花は切
り口の形や、重ねる紙の数
で印象が変わります。紅白
の凡天がアクセントに。

作り方

縁を色えんぴつで塗る
フラワーペーパーと紙ナプキンを交互に重ねる
包装紙
貼る
画用紙
画用紙
貼る
ホチキス
両端を丸く切る
裏に貼る
じゃばらに折る
糸を通す
画用紙
結ぶ
糸
貼る
貼る
ストロー
貼る
画用紙
ストロー
貼る
谷折り
包装紙
画用紙
丸シール

ガーランドで印象的に
てんとうむしとクローバーの窓飾り

0・1・2歳児

ガーランドは画用紙のクローバーやてんとうむしでシンプルに。
窓には二重の羽のちょうちょうや、フラワーペーパーの
花を貼って立体的に飾ります。

• 型紙 **84ページ**

Point!

切ったストローをガーランドの糸に
通すと、カラフル&ポップに。ちょ
うちょうの体もストローでひと工夫。

いっしょにあそぼう!
ぞうさんと
ひよこちゃん

0・1・2歳児

ぞうさんが高い高いをしてくれているみたい!
花や耳のギンガムチェックがポイントです。

• 型紙 **84ページ**

ハッピーを呼ぶ
クローバー リース

リースはクラフト紙をねじって、
ボリュームたっぷりに。
グリーンでまとめたなかに
ピンクのリボンがアクセント。

・型紙 **85**ページ

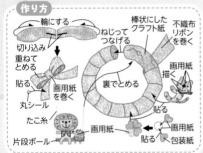

作り方

輪にする
切り込み
重ねて
とめる
貼る
丸シール
たこ糸
片段ボール

棒状にした
クラフト紙
ねじって
つなげる
裏でとめる
画用紙
を巻く
画用紙

不織布
リボン
を巻く
画用紙
描く
貼る
画用紙
貼る 包装紙

心和む北欧テイスト
こんにちは！
はりねずみさん

小さなパーツを組み合わせて。
スペースに応じて、配置を自由に
アレンジしやすい飾りです。

・型紙 **85**ページ

Point!

花やちょうちょうの触覚
には、ビーズでさりげ
ない華やかさをそえて。

何色に見えるかな？

シャボン玉で
にじのむこうへ

クリアファイルやキラキラした素材で作ったシャボン玉。
黒い画用紙で縁取ることで、透明感が際立ちます。

● 型紙 **86** ページ

作り方

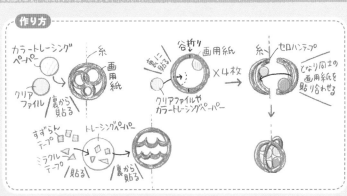

カラートレーシングペーパー　糸　画用紙

クリアファイル　裏から貼る

谷折り　画用紙　×4枚

クリアファイルやカラートレーシングペーパー

糸　セロハンテープ　となり同士の画用紙を貼り合わせる

すずらんテープ　トレーシングペーパー

ミラクルテープ　貼る　裏から貼る

違う素材を組み合わせて
あじさいの散歩道

素材を変えて飾ると、ぐっと印象的なあじさいに。
手前に大きな花を配置すると遠近感が出ます。

・型紙 **87**ページ

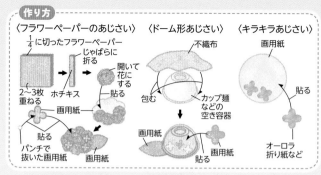

作り方

〈フラワーペーパーのあじさい〉

1/4に切ったフラワーペーパー
2～3枚重ねる
ホチキス
じゃばらに折る
開いて花にする
貼る
画用紙
パンチで抜いた画用紙
画用紙

〈ドーム形あじさい〉

不織布
包む
カップ麺などの空き容器
画用紙
画用紙
貼る

〈キラキラあじさい〉

画用紙
貼る
オーロラ折り紙など

Point!

オーロラ折り紙や、ホログラム折り紙の花びらを、丸く切った画用紙に貼ります。角度によって色が変わって見えます。

Point!

フラワーペーパーの花を数個作り、あじさいの形にまとめて、画用紙の小花を貼ります。花は同色の画用紙に貼ってから壁に飾ると簡単！

Point!

カップ麺などの空き容器を不織布で包みます。大きさの違う容器を使うと、メリハリが出ます。

カラフルな雨粒で元気に
雨粒と長ぐつの
天井飾り

長ぐつに入った動物たちが楽しそう！
雨粒と長ぐつは、立体＆カラフルにすると
元気な印象になります。

● 型紙 **88ページ**

0・1・2
歳児

作り方

山折り
画用紙
のりしろ
山折り

画用紙
切る

天井に貼る

裏から
見た図

山折り

↓
内側に貼る
包装紙

貼る

糸
画用紙
描く
包装紙

糸
通す

貼る
ビーズ

セロハン
テープ

裏に
貼る

レースリボン
画用紙 モール
貼る 貼る

切り込みを
入れて貼り合わせる

描く
画用紙

描く
画用紙

裏に
貼る

画用紙

グラスタックカラーで透け感を
キラキラシャボン玉の窓飾り

窓のガラスに映える、透明感のあるにじとシャボン玉。
オーロラ折り紙をプラスすれば、雨上がりのような
キラキラした印象になります。

● 型紙 **89**ページ

0・1・2
歳児

ランランラン♪
雨降り大好き！
うれしいな♪

雨降りにうきうきするかえるたち。
オーロラ折り紙やエアパッキンで、
水の輝きを表現します。

● 型紙 **89**ページ

カラーポリ袋で
ジューシーな実に

大きな さくらんぼ

大きくて真っ赤なさくらんぼは、
厚紙に綿をのせて
カラーポリ袋で包みます。
小さなスペースも印象的に！

● 型紙 **90**ページ

みんなでいっしょに

長ぐつのおうち

傘は画用紙にエアパッキンを
貼って立体感を出します。
油性ペンで模様を描き足すと
かわいらしさアップ！

● 型紙 **90**ページ

「明日、天気にな～れ」の願いを込めて
カラフルレインコート

カラーポリ袋を使い、
明るく色とりどりのレインコートに。
厚紙で壁から吊るして、揺れる動きを楽しみます。

・型紙 **91**ページ

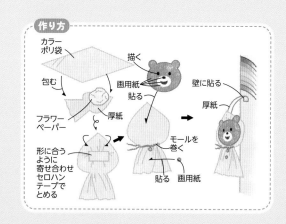

作り方

カラー
ポリ袋

描く

画用紙

包む

貼る

壁に貼る

厚紙

厚紙

フラワー
ペーパー

形に合う
ように
寄せ合わせ
セロハン
テープで
とめる

モールを
巻く

貼る　画用紙

レースペーパーでおしゃれに
てるてるぼうずの
吊るし飾り

レースペーパーの模様を生かしたてるてるぼうず。
帽子やひげを加えれば個性的な表情に。
にぎやかなおしゃべりが聞こえてきそう♥

●型紙 **92**ページ

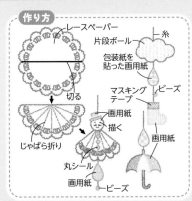

作り方

レースペーパー
糸
片段ボール
包装紙を貼った画用紙
マスキングテープ
ビーズ
切る
画用紙
描く
じゃばら折り
画用紙
丸シール
画用紙
ビーズ

ギャザーを寄せたすずらんテープで
雨上がり♪
にじの窓飾り

すずらんテープの透明感が窓にぴったり。
にじのアーチ形に切ったクリアファイルに
すずらんテープを貼れば、簡単に作れます。

・型紙 **92**ページ

歌の世界を身近に
あめふりくまのこ

くまのこを見守る森の仲間が
かわいらしい壁面。
雨粒や水の流れにキラキラ素材を
使ってアクセントに。

・型紙 **93**ページ

おしゃべりが聞こえてきそう
ひまわりのアーチ

ひまわりたちがのぞき込むような構図が
楽しい壁面。顔部分には、
柄の違う布を使うと表情が変わります。

・型紙 **94**ページ

ハニカムシートが天の川に
たなばたの天井飾り

立体的な星は、折り紙を折って切るだけで完成！
ハニカムシートの使い方が、
ダイナミックな飾りです。

● 型紙 **95**ページ

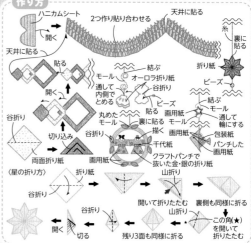

作り方

ハニカムシート / 2つ作り貼り合わせる / 天井に貼る / 糸 / 裏に貼る
天井に貼る / 開く / 貼る / 結ぶ / 折り紙
開く / モール / オーロラ折り紙 / 谷折り / ビーズ
通して内側でとめる / ビーズ / 結ぶ / モール
谷折り / 丸めたモール / 画用紙 / 裏に貼る モール / 通して輪にする
切り込み / 描く 画用紙 / 包装紙 / パンチした画用紙
両面折り紙 / 谷折り / 千代紙 / クラフトパンチで抜いた金・銀の折り紙
画用紙
〈星の折り方〉 / 折り紙 / 山折り
谷折り / 開いて折りたたむ / 裏側も同様に折る
谷折り / 山折り / この角（★）を開いて折りたたむ
開く / 切る / 残り3面も同様に折る

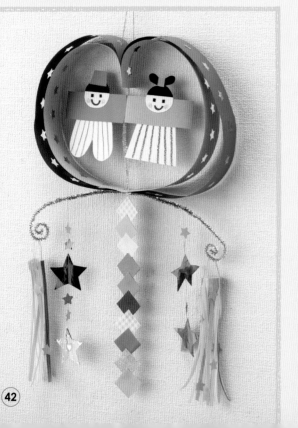

小さなスペースに
たなばたの
かけ飾り

二重にした画用紙の輪の中に
織り姫と彦星が並ぶ飾りです。
素材の違うひし形や、
吹き流しが色鮮やか。

● 型紙 **95**ページ

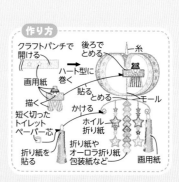

作り方

クラフトパンチで開ける / 後ろでとめる / 糸
画用紙 / ハート型に巻く / 貼る とめる
描く / 貼る とめる / モール
短く切ったトイレットペーパー芯 / かける / ホイル折り紙
折り紙を貼る / 折り紙やオーロラ折り紙 包装紙など / 画用紙

作り方

切った
ストロー ▯ ×12

a系 ——結ぶ——

2本 a
通す

a
結ぶ

▲を別の
糸で結ぶ

1本
a
a ——糸結ぶ——
結ぶ
この作業をあと2回
くり返す

映った影も美しい
ストローヒンメリ

ブルー系のヒンメリで保育室を涼しげに。
ストローに黄色を加えると
アクセントになります。

・型紙 **96**ページ

モールの手足で動きを出して
わんぱくゴーヤちゃん

子どもたちにもすっかりおなじみのゴーヤが壁面に！
ゴーヤの花は不織布とモールでふわっと表現します。

・型紙 **96**ページ

青で涼しげに
オーシャンリース

0・1・2
歳児

大海原を楽しく泳ぐ生き物たち。
ペンギンのうしろにすずらんテープを渡して、
海を表現します。

● 型紙 97ページ

Point!

浮き輪リースの作り方

① ドーナツ形に切った
台紙に綿をのせ、白い
ビニールテープをふん
わりと全体に巻く

② 違う色のマスキング
テープを4か所に巻く

マリンテイストがおしゃれ
海のガーランド

ハギレのフラッグをひもで飾り、
リボンにモチーフを吊るします。

● 型紙 97ページ

Point!

ビーズで夏らしい
輝きをプラスした
ひとでや貝を加え
ても。

人魚姫と海の仲間たち

丸く切ったエアパッキンや、
オーロラ折り紙などで海の泡を表現。
モールに沿ってしわを寄せた、
カラーポリ袋で海藻を作ります。

●型紙 98ページ

ハギレやレースでフレンチポップに
しろくまさんの
アイスクリームワゴン

大好きなアイスクリームやさんが来たよ！
カウンターと日よけは、
段ボールなどで土台に厚みを出してから、
ハギレやレースで飾ります。

● 型紙 **99ページ**

Point!

フラワーペーパーを
カラーポリ袋で包ん
で、立体的なアイス
クリームに。

Single

Double

親しみのあるモチーフで
水あそびグッズのガーランド

O・1・2
歳児

夏にぴったりなおもちゃをモチーフにした
ガーランドです。乳児さん向けに、
パステルトーンでやわらかな印象に。

●型紙 **100**ページ

O・1・2
歳児

やさしい心を育てたい
ひまわりさん、
お水をどうぞ♥

「お水をもらって、ひまわりさんも
うれしそうだね！」と壁面をきっかけに、
思いやりの心が育まれるといいですね。

●型紙 **100**ページ

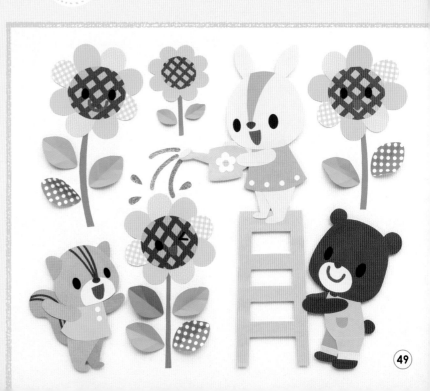

50

ホイル折り紙を
大胆に使って

夏の夜空に
キラキラ花火

夜空に広がる華やかな花火は、
夏の楽しいイベントですね。
背景を青にすると、
カラフルな花火が
いっそう引き立ちます。

● 型紙 **101**ページ

Point!

丸く切った厚紙をホイル折り
紙で包み、細長く切った画
用紙を輪にして飾ります。

8月
9月

8月

すずらんテープの透明感を生かして
カラフルシロップの
かき氷

透明感のあるすずらんテープが、
氷にかかってキラキラ光るシロップのよう。
すずらんテープは短冊状に切ってから、
3枚ほど重ねて手で裂くと時間短縮に。

● 型紙 **102ページ**

Point!

氷の台紙はシロップの色ご
とに区切り、のりをつけて、
すずらんテープを散らします。

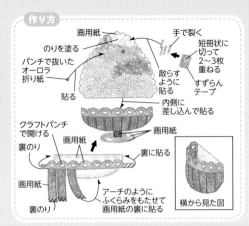

作り方

画用紙 ── のりを塗る
手で裂く
短冊状に切って
2～3枚
重ねる
すずらんテープ
パンチで抜いた
オーロラ
折り紙
貼る
散らす
ように
貼る
内側に
差し込んで貼る
画用紙

クラフトパンチ
で開ける
裏のり
画用紙
画用紙
裏に貼る

画用紙
裏のり
アーチのように
ふくらみをもたせて
画用紙の裏に貼る

横から見た図

52

レースペーパーを包装紙や折り紙に重ねて
あさがおが
パッと咲いたよ！

レースペーパーを使って
簡単でインパクトのあるあさがおに。
鉢は手前にたわませて、立体的に貼ります。

● 型紙 103ページ

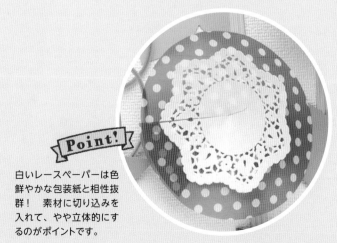

Point!

白いレースペーパーは色
鮮やかな包装紙と相性抜
群！　素材に切り込みを
入れて、やや立体的にす
るのがポイントです。

Point!

工作用紙で丸やハート形を作って、
装飾用モールなどで飾ります。花火
ごとに移動ができるので、バランス
をとりながら楽に飾れます。

光る＆立体素材で
キラキラど～ん！
花火があがったよ

いろいろな形の花火が楽しい壁面飾り。
モールやミラーテープなど、
光沢のある素材を使って
華やかに仕上げます。

●型紙 103ページ

作り方

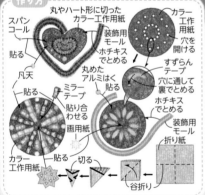

スパン
コール
貼る
カラー工作用紙
丸やハート形に切った
カラー工作用紙
凡天
貼る
ミラー
テープ
貼る
カラー
工作用紙
丸めた
アルミはく
貼る
貼る
貼り合わせる
画用紙
切る
谷折り
装飾用
モール
ホチキス
でとめる
穴を
開ける
すずらん
テープ
穴に通して
裏でとめる
ホチキス
でとめる
装飾用
モール
折り紙

0・1・2
歳児

食材の旬を伝える
夏野菜ちゃんの
夏祭り

色鮮やかな夏野菜たちが、
お祭りでおおはしゃぎ！
厚紙をカラーポリ袋で包んだり
画用紙にしわを寄せたりと、
素材を生かした壁面に。

●型紙 104ページ

和のモチーフで
夏の吊るし飾り

子どもたちの大好きなすいかやかき氷は、
夏の風物詩！ 揺れるたびに、丸いすいかの
中身が見られるのも楽しい♪

・型紙 **104**ページ

Point!

ドーナツ形に切った
オーロラ折り紙の輪
のなかに、画用紙の
金魚を吊るします。
ひれは立体的に。

作り方

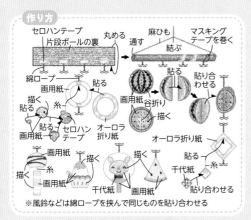

※風鈴などは綿ロープを挟んで同じものを貼り合わせる

いろいろな素材で
Let's ダンス！
ようかい盆踊り

カラーポリ袋や片段ボール、不織布など。
ようかいのイメージに合わせて
素材を選びましょう。

・型紙 **105**ページ

Point!

画用紙の手をカー
ルさせて貼ること
で、ようかいの手
がとび出したよう
に見えます。

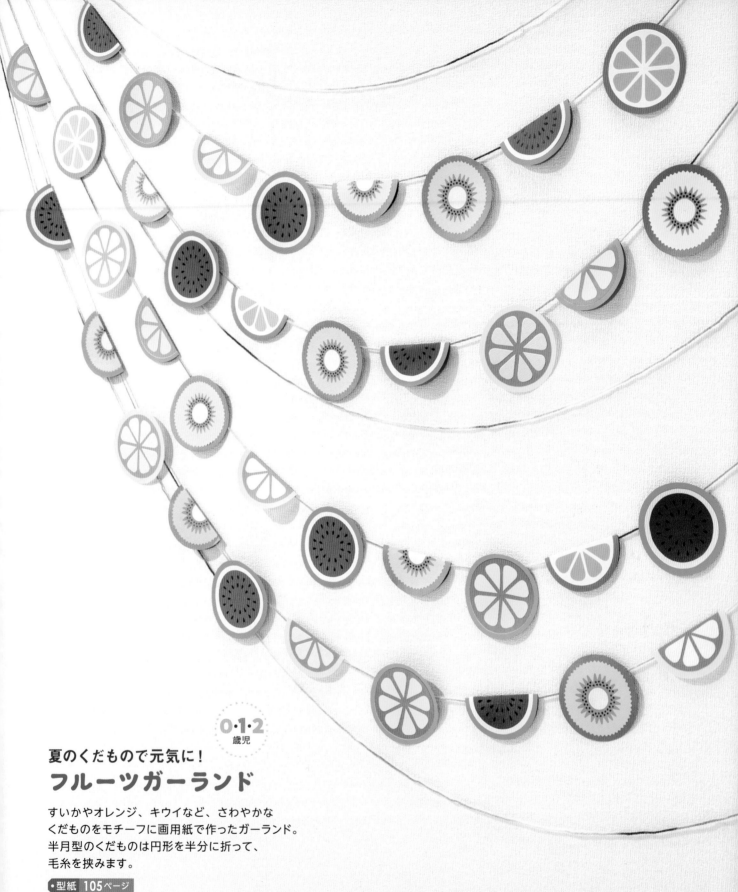

0・1・2歳児

夏のくだもので元気に！
フルーツガーランド

すいかやオレンジ、キウイなど、さわやかな
くだものをモチーフに画用紙で作ったガーランド。
半月型のくだものは円形を半分に折って、
毛糸を挟みます。

●型紙 **105ページ**

素材違いの花で
トロピカルモンキーの窓飾り

ハイビスカスの素材は、
クレープ紙と画用紙の2種類。
雰囲気が変わり、メリハリが出ます。

● 型紙 **106**ページ

Point!

クレープ紙の中心にモールを挿して、
ハイビスカスの花に。伸縮するクレー
プ紙の特性を生かして、花びらの柔ら
かさを表現します。

0・1・2
歳児

初めての水あそび
ぞうさんシャワー

シャワーはすずらんテープで
軽やかに。優しい色合いが
小さい子にぴったり。

● 型紙 **106**ページ

9月

人気のフルーツが車両に

のんびり果物列車に乗って

果物の車両は窓をくり抜き、裏に段ボールを貼って
厚みを出すと、奥行きが出ます。おかず用カップに
切り込みを入れたコスモスがさわやか！

● 型紙 **107**ページ

58

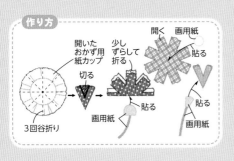

作り方

開いた
おかず用
紙カップ
3回谷折り
切る
少し
ずらして
折る
開く　画用紙
貼る
貼る
画用紙
貼る
画用紙

赤と緑でコントラストを出して

ゆらゆらりんごの
吊るし飾り

りんごは細長く切った画用紙を放射状に重ねたら、
球体に丸くまとめて、軽やかさを出します。
フェルトの黒い丸がアクセントに。

●型紙 **108**ページ

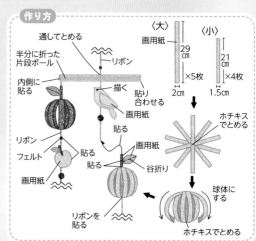

作り方

〈大〉 〈小〉

画用紙

29cm 21cm

2cm 1.5cm

×5枚 ×4枚

ホチキスでとめる

球体にする

ホチキスでとめる

通してとめる

半分に折った片段ボール

リボン

内側に貼る

描く

貼り合わせる

画用紙

リボン

フェルト

画用紙

貼る

貼る

谷折り

リボンを貼る

ぶどうは素材使いでメリハリを
あま～いぶどうが
実ったよ!

色や模様の違うハギレを組み合わせて、
ぶどうの房にします。動物たちをつるで囲んで、
楽しげな構図に。

●型紙 108ページ

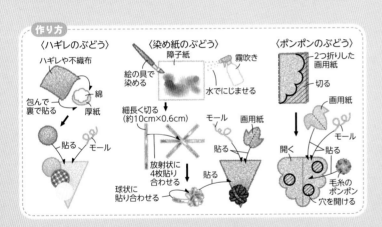

作り方

〈ハギレのぶどう〉
ハギレや不織布
綿
包んで
裏で貼る
厚紙
↓
貼る → モール

〈染め紙のぶどう〉
障子紙
絵の具で染める
霧吹き
水でにじませる
細長く切る
(約10cm×0.6cm)
放射状に
4枚貼り合わせる
球状に貼り合わせる
モール
画用紙
貼る
貼る

〈ポンポンのぶどう〉
2つ折りした画用紙
切る
画用紙
開く
モール
貼る
貼る
毛糸のポンポン
穴を開ける

Point!

構図がそのままでも、
ぶどうの素材を変えれば、
また違った印象に!

ワックスペーパーで
コスモスと音楽隊

独特な透明感と光沢、ハリを持つ
ワックスペーパーで作ったコスモスを、
額縁のように配置します。
やぶれにくい素材なので、
花びらが作りやすい♪

0・1・2歳児

・型紙 **109**ページ

・型紙 109ページ

作り方

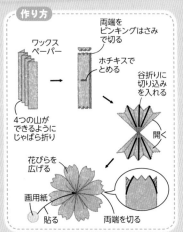

ワックス
ペーパー

両端を
ピンキングはさみ
で切る

ホチキスで
とめる

4つの山が
できるように
じゃばら折り

谷折りに
切り込み
を入れる

開く

花びらを
広げる

画用紙
貼る

両端を切る

オーエス！ オーエス！
きのこの綱引き

きのこたちの運動会！
かさに使ったフェルトのポップな色や形が、
楽しい気分を盛り上げてくれます。

・型紙 **110**ページ

・型紙 110ページ

Point!

綱は麻ひもを三つ編みに。存
在感がアップします。

片段ボールの風合いを生かして
フルーツバスケットの
壁かけ飾り

ぶどうやりんご、洋なしやかき……。
色とりどりの秋の果物が入ったバスケットです。
麻ひもやレースペーパーを使って、
カゴらしさを出して。

● 型紙 **109** ページ

かさの模様がポイント♪
きのこの
吊るし飾り

カラフルなかさがキュートな
きのこたち。手足のモールを
自由に曲げて、動きを出しましょう。

・型紙 **111**ページ

作り方

クラフト
パンチの花
画用紙
貼る 包装紙
木の枝 結ぶ

糸

画用紙
貼る 貼る 丸シール
描く
画用紙 画用紙
画用紙 モール

包装紙を組み合わせて
洋なしのタルトで
ティータイム♥

黄緑や黄色、紫を効かせた色使いで、
さわやかな果物と色づきはじめた秋を
表現します。

●型紙 **112ページ**

Point!

画用紙と包装紙を大
胆にコラージュして、
おしゃれな洋なしに。

ランチョンマットで
お月見タペストリー

市販のランチョンマットが簡単タペストリーに変身！
ボタンやレースリボンの飾り、マトリョーシカの
うさぎなど、洋風な雰囲気にまとめました。

・型紙 113ページ

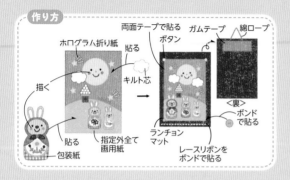

作り方

おだんごとリースを組み合わせて
まんまるお月さま

月のなかでうさぎが餅つき！
月のまわりをコスモスやすすきの
モチーフで飾って、かわいらしい
お月見の飾りにします。

・型紙 113ページ

折り紙やトレーシングペーパーをコスモスの花に。

Point!

フラワーペーパーを細く裂き、モールと束ねて、すすきにします。

作り方

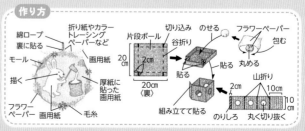

66

壁面製作の手順

壁面を構成するための、背景やキャラクター作り。
ちょっとしたコツを知れば、作業がスムーズになります。
ここでは、手早くきれいに作れる手順を紹介します。

構成／本永京子　イラスト／ささきともえ

「なるほど！」が
いっぱい！

1 : 型紙を用意する

✳ **作る壁面の大きさを決めて、型紙のコピーをとります。** ✳

壁面を貼るスペースを考え、作品の大きさを決めます。そのサイズをもとに、
本に載っている作品写真の大きさと型紙ページの型紙の大きさからコピーをと
る倍率を計算します。P.70掲載の倍率計算ツールを使うと便利です。

たとえばこの大きさに作るときは……

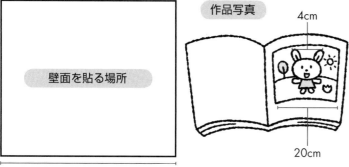

壁面を貼る場所

160cm

作品写真

4cm

20cm

型紙

8cm

型紙をコピーする倍率を出すには……

$$\frac{\text{壁面を貼る場所の横の長さ}}{\text{作品写真の横の長さ}} \times \frac{\text{作品写真のパーツの横の長さ}}{\text{型紙のパーツの横の長さ}}$$

$$= \frac{160}{20} \times \frac{4}{8} = 4$$

 4倍、つまり**400%**の
コピーをとります。

1つのパーツの
倍率を出したら、
あとは全部同じ倍率で
コピーをとります

プラス❶アイデア

**大きすぎて1枚でコピーを
とれないときは
パーツに分けてとる**

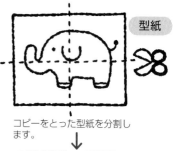

型紙

コピーをとった型紙を分割し
ます。

それぞれ拡大コピーをとって
つなぎあわせます。

プラス❶アイデア

**1回で大きな倍率のコピーが
とれないときは2回に分ける**

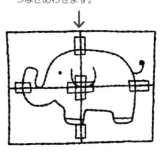

例　300％＝150％×200％
　　400％＝200％×200％

2 型紙を写す

❀型紙を切り取り、のりしろを考えて画用紙などに写します。❀

コピーした型紙を線に沿って切り取り、パーツごとに使う色の画用紙に写します。
そのとき、のりしろ分のスペースも考えて写すようにします。

型紙

型紙のラインどおりに
切り取ります。

使う色ごとに型紙を
切り分けます。

のりしろに必要なスペースを足して、
色ごとに画用紙などに写します。

3 画用紙などを切る

❀貼り合わせる部分ののりしろを含めて切ります。❀

耳のつけねや首、手足の
部分など、ほかのパーツ
とつなぐのりしろ部分は
多めに切り取ります。

裏

❀同じ形や裏返して使えるものは重ねて切ります。❀

写した形のまわりを数か所ホチキスで
とめます。1か所だけだと切っている
途中で紙がずれてしまうので気をつけ
ましょう。

型紙を写した紙をいちばん上にして紙
を重ねて切ります。画用紙なら3枚、折
り紙なら6枚程度まできれいに切れま
す。

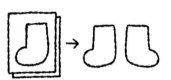

裏返して使えるパーツは重ねて切り、
左右を逆にして使います。

❀左右対称のものは半分に折って切ります。❀

形が左右対称で真ん中に折りすじ
が入っても支障がないものは、半
分に折ってから切って開くと手間
がはぶけます。

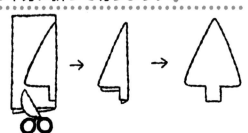

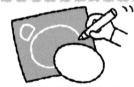

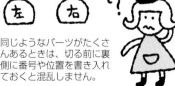

4 | パーツを組み合わせる

✻ パーツを貼り合わせ、表情をつけます。✻

後ろ側にくる部分からパーツを組み合わせて、順番に貼っていきます。

5 | 壁に貼る

✻ 順番にバランスを見て貼ります。✻

①背景になる大きなパーツ、②メインのキャラクター、③まわりの小さなパーツの順番で貼っていきます。バランスを見ながら位置を調整しましょう。立体的に浮き立たせたい場合は、切った段ボールを後ろにはさんで貼ります。

輪にしたセロハンテープや両面テープをパーツの数か所に貼っておきます。耳の先など浮きやすい部分に貼っておくと、きれいにとめられます。

① 背景になる大きなパーツ

③ まわりの小さなパーツ

② メインのキャラクター

プラス**①**アイデア

のりしろを忘れたときは、裏から別の紙を貼る

切るときにのりしろを作り忘れたときは、継ぎ目に紙を貼ってつなぎましょう。

プラス**①**アイデア

背景の大きな紙に貼るときは、パーツを仮どめする

大きな紙に直接貼るときは貼り直しができないので、パーツをテープなどで仮どめしてバランスを調整してから貼ります。

プラス**①**アイデア

立体物を貼るときは、画びょうを活用する

紙コップなどを貼るときは内側から画びょうでとめ、箱などを貼るときは外側にセロハンテープで画びょうを貼ってとめます。

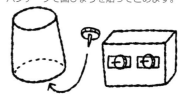

これで完成です！

コピー用型紙集

● 型紙 **00** ページ

このマークがついている製作物の型紙です。
スペースや用途に合わせて自由にご利用ください。

型紙コピーの倍率計算ツールを使うと便利です。

山折り ――・――	谷折り ------
切り込み ‥‥‥‥	切りとり ■ のりしろ ▨

P.8～9　入園おめでとう！

※チューリップ大・小は、200％に拡大すると、
ほかとのバランスがとれます。

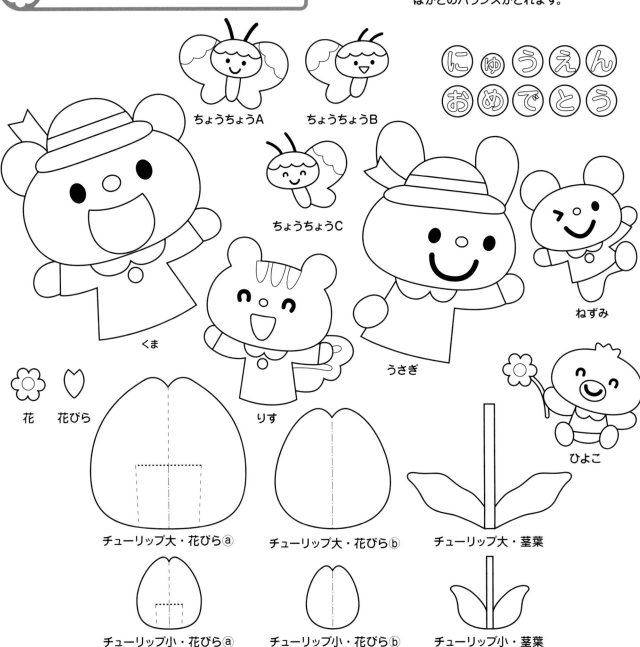

ちょうちょうA　　ちょうちょうB

にゅうえん
おめでとう

ちょうちょうC

くま

ねずみ

りす

うさぎ

ひよこ

花　　花びら

チューリップ大・花びらⓐ　　チューリップ大・花びらⓑ　　チューリップ大・茎葉

チューリップ小・花びらⓐ　　チューリップ小・花びらⓑ　　チューリップ小・茎葉

はち

にゅうえん

おめでとう

花

葉

けむり

ひよこ

くま

ハムスター

りす

うさぎ

汽車

客車

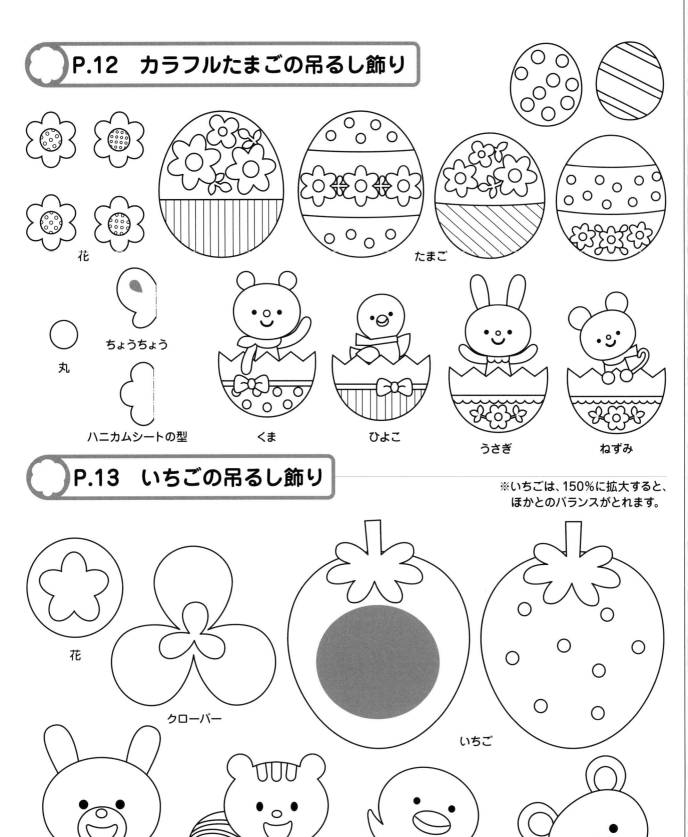

P.12　カラフルたまごの吊るし飾り

花

丸

ちょうちょう

ハニカムシートの型

くま

ひよこ

たまご

うさぎ

ねずみ

P.13　いちごの吊るし飾り

※いちごは、150％に拡大すると、
　ほかとのバランスがとれます。

花

クローバー

いちご

うさぎ

りす

ひよこ

ねずみ

●コピー型紙をご利用になる際には、このメッセージが見えるようにしっかり開くと、きれいにコピーをすることができます。

P.14　さくらの気球に乗って

※気球A・Bは、200%に拡大すると、ほかとのバランスがとれます。

とりB

とりA

とりC

くま

いぬ

うさぎ

さくら

ねずみ

気球A

気球B

さくらの木

草

◖ P.15　ちょうちょうと歌おうよ♪

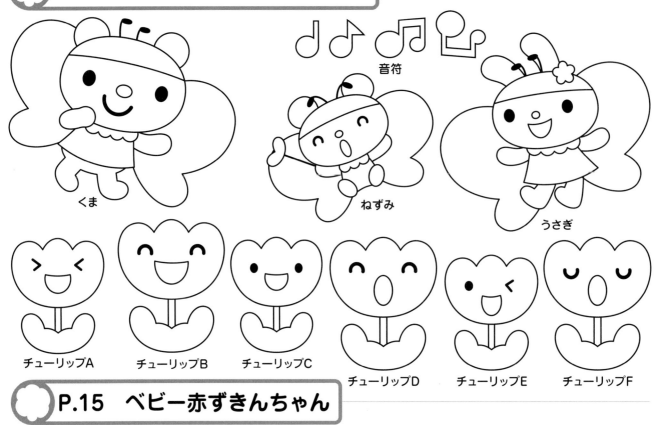

音符

くま

ねずみ

うさぎ

チューリップA　チューリップB　チューリップC　チューリップD　チューリップE　チューリップF

◖ P.15　ベビー赤ずきんちゃん

木

りす

花

とり

おおかみ

かご

赤ずきんちゃん

●コピー型紙をご利用になる際には、このメッセージが見えるようにしっかり開くと、きれいにコピーをすることができます。

P.16〜17　うきうきいちご摘み

りす

ねこ

かご

とり

いちご

いちごの花

いちごの葉

ぶた

くま

うさぎ

P.16〜17　春を迎えに行こう

ライオン

はりねずみ

カンガルー

しまうま

花　葉

ちょうちょう

かめ

わに

とり

らくだ

●コピー型紙をご利用になる際には、このメッセージが見えるようにしっかり開くと、きれいにコピーをすることができます。

ちょうちょう

園舎

木

花と葉

ひよこA

ひよこE

ひよこD

ひよこC

にわとり

ひよこB

●コピー型紙をご利用になる際には、このメッセージが見えるようにしっかり開くと、きれいにコピーをすることができます。

P.18　いちごのポット

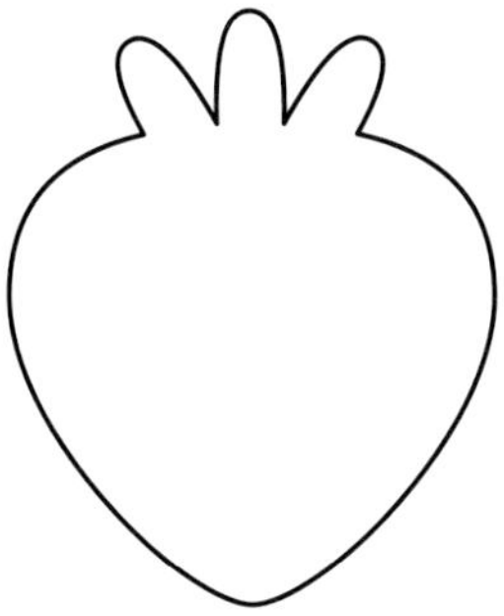

飾り

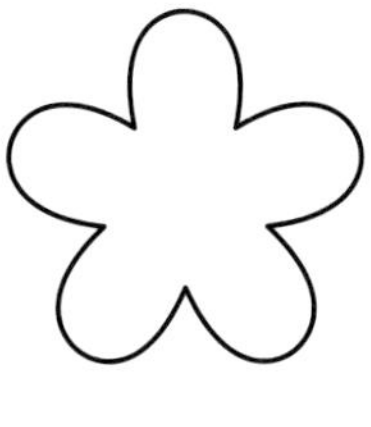

いちごの花

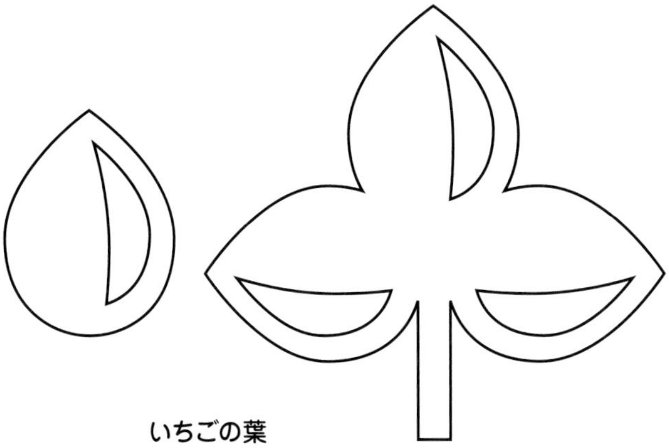

いちごの葉

P.19　さくら満開の窓飾り

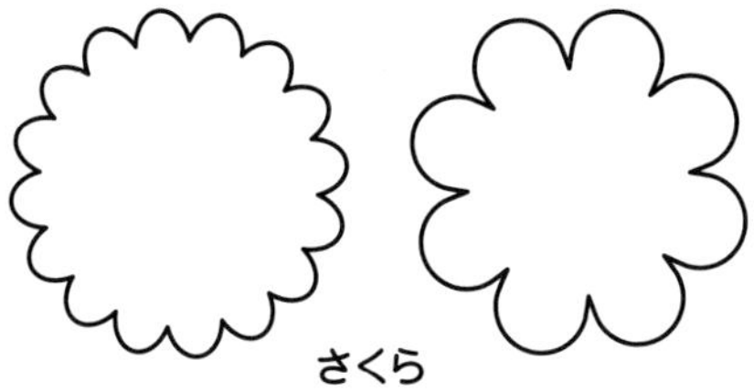

さくら

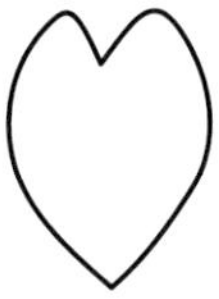

さくらの花びら

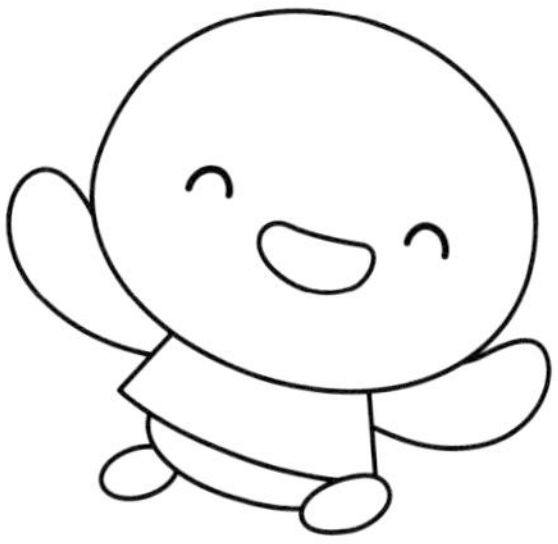

ひよこA

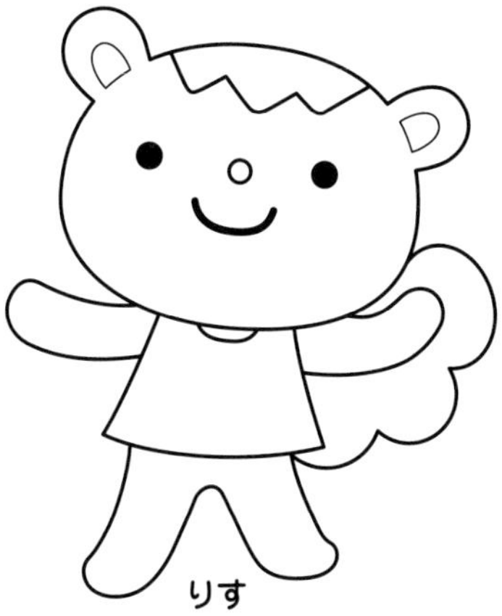

りす

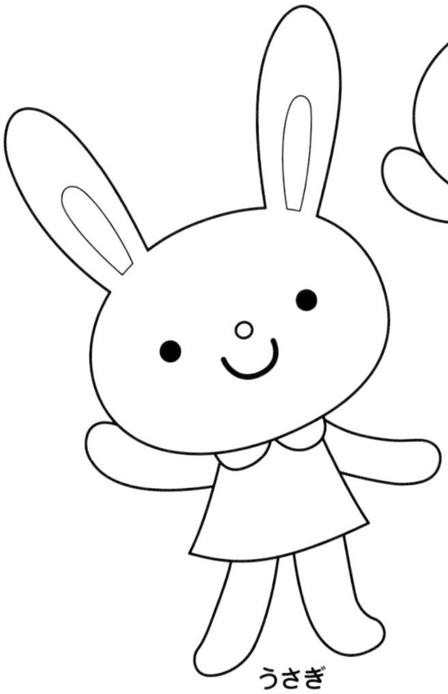

うさぎ

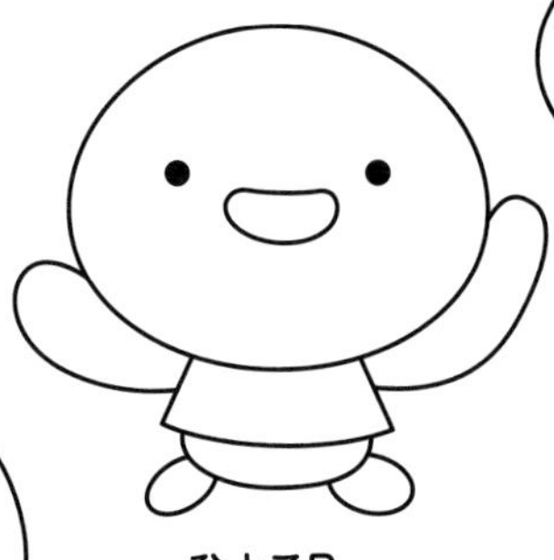

ひよこB

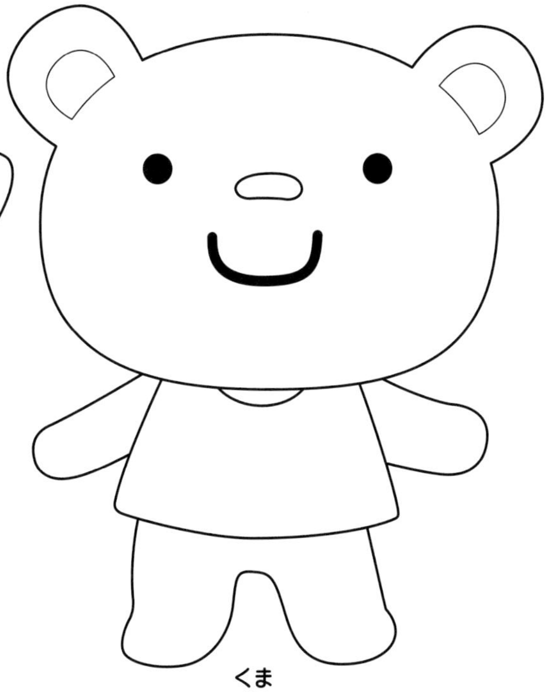

くま

※こいのぼりAとにじは、200%に拡大すると、ほかとのバランスがとれます。

こいのぼりC

こいのぼりD

りす

ひよこA

かざぐるま

ひよこB

こいのぼりB

うさぎ

くま

ハムスター

ひよこC

雲

こいのぼりA

花

葉

キラキラ

にじ

●コピー型紙をご利用になる際には、このメッセージが見えるようにしっかり開くと、きれいにコピーをすることができます。

P.22　てんとうむしの吊るし飾り

葉

てんとうむしB

てんとうむしA

P.23　ピクニック楽しいな♪

※木と幹は、150％に拡大すると、ほかとのバランスがとれます。

木A　　木B　　幹

雲

ちょうちょう

とり

しまうま

ライオン

はりねずみ

ひょう

リュック

おにぎり

花

サンドイッチ

P.24　えんどうまめのブランコ

クローバー
（四つ葉）

クローバー
（三つ葉）

えんどうまめ

くま

ひよこ

葉

うさぎ

P.24　妖精ちゃんのすずらんマーチ♪

※すずらんは、250％に拡大すると、
　ほかとのバランスがとれます。

キラキラ

丸

音符

ねずみ

うさぎ

すずらん

くま

いぬ

●コピー型紙をご利用になる際には、このメッセージが見えるようにしっかり開くと、きれいにコピーをすることができます。

ねずみ

うさぎ

てんとうむし

くま

マーガレット

クローバー・大

クローバー・小

雲

花

丸

風船

うさぎ

くま

●コピー型紙をご利用になる際には、このメッセージが見えるようにしっかり開くと、きれいにコピーをすることができます。

P.27　スプリングフラワーのリース

ひよこA

ひよこB

うさぎ

りすA

くま

葉

丸

りすB

花

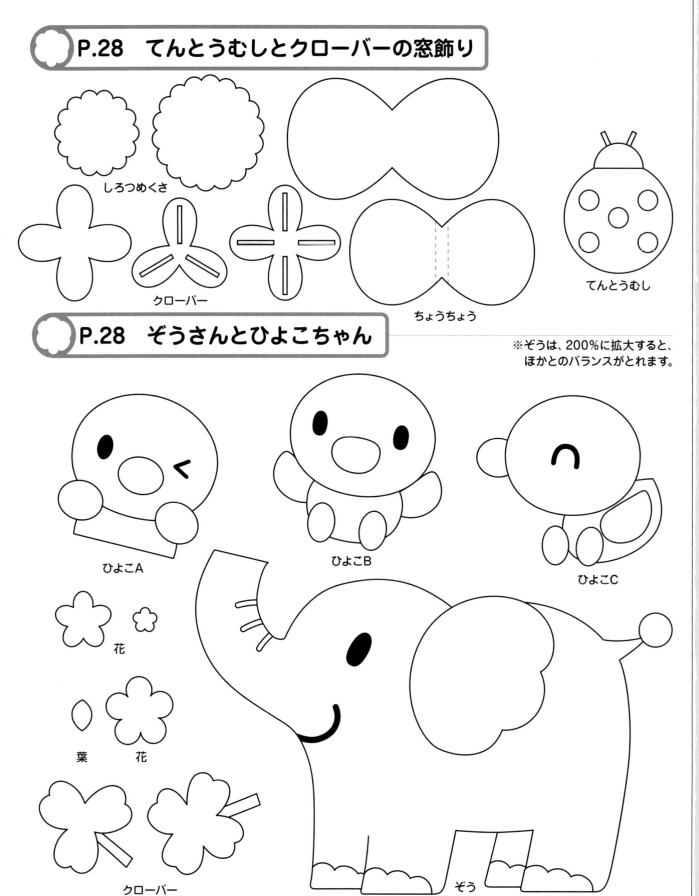

P.28 てんとうむしとクローバーの窓飾り

しろつめくさ

クローバー

ちょうちょう

てんとうむし

P.28 ぞうさんとひよこちゃん

※ぞうは、200％に拡大すると、
ほかとのバランスがとれます。

ひよこA

ひよこB

ひよこC

花

葉　花

クローバー

ぞう

P.29　クローバーリース

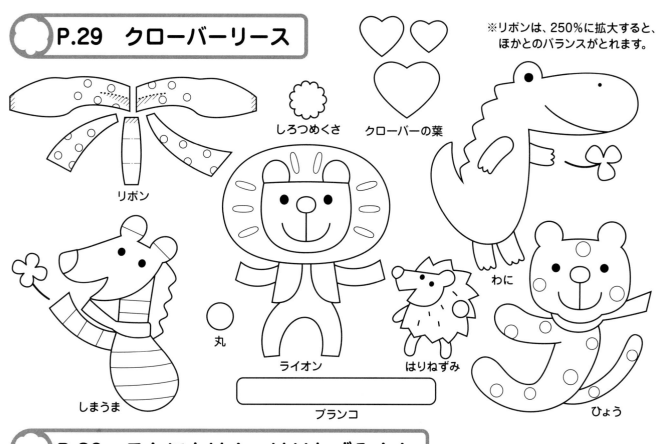

※リボンは、250%に拡大すると、ほかとのバランスがとれます。

リボン

しろつめくさ

クローバーの葉

わに

丸

ライオン

はりねずみ

ブランコ

しまうま

ひょう

P.29　こんにちは！　はりねずみさん

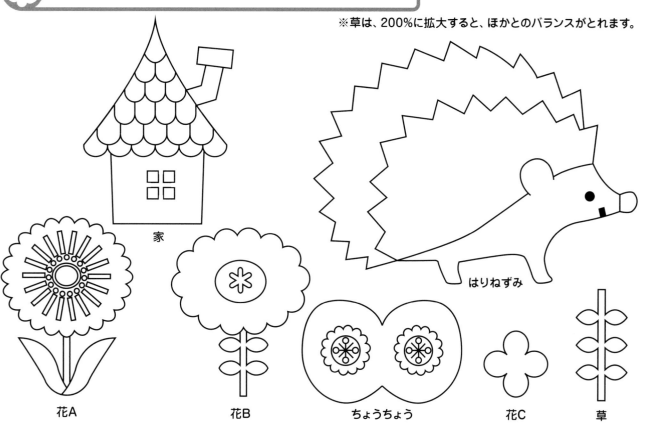

※草は、200%に拡大すると、ほかとのバランスがとれます。

家

はりねずみ

花A

花B

ちょうちょう

花C

草

※にじは、160％に拡大すると、ほかとのバランスがとれます。

とりA

雨粒

かえるA

ねずみ

ねこ

にじ

くま

はりねずみ

うさぎ

かえるB

くまの雲

雲A

うさぎとかえるの雲

とりB

雲B

シャボン玉

●コピー型紙をご利用になる際には、このメッセージが見えるようにしっかり開くと、きれいにコピーをすることができます。

キラキラ

雨粒

かえるA

かえるB

にじ

うさぎ

りす

かえるC

ハムスター

かえるD

くま

あじさいAの小花

あじさいCの小花

あじさいBの花

あじさいの葉

あじさいBの小花

P.34 雨粒と長ぐつの天井飾り

うさぎ

りす

くま

かたつむり

傘

雨粒

長ぐつ

P.35　キラキラシャボン玉の窓飾り

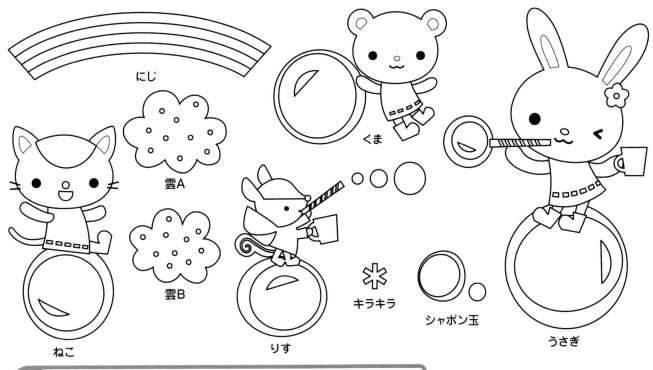

にじ

雲A

雲B

ねこ

くま

りす

キラキラ

シャボン玉

うさぎ

P.35　雨降り大好き！　うれしいな♪

雨粒

音符

かえるA

かえるB

かえるC

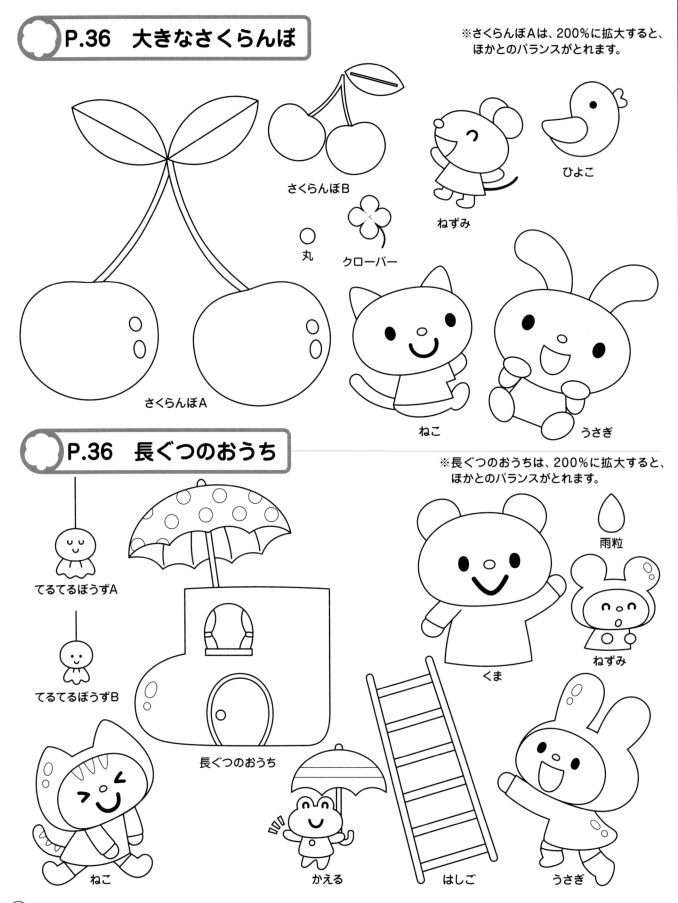

P.36　大きなさくらんぼ

※さくらんぼAは、200%に拡大すると、
ほかとのバランスがとれます。

さくらんぼB

ねずみ

ひよこ

丸

クローバー

ねこ

うさぎ

さくらんぼA

P.36　長ぐつのおうち

※長ぐつのおうちは、200%に拡大すると、
ほかとのバランスがとれます。

てるてるぼうずA

てるてるぼうずB

雨粒

くま

ねずみ

長ぐつのおうち

ねこ

かえる

はしご

うさぎ

※にじは、240%に拡大すると、
　ほかとのバランスがとれます。

●コピー型紙をご利用になる際には、このメッセージが見えるようにしっかり開くと、きれいにコピーをすることができます。

雲

キラキラ

とり

ねずみ

にじ

うさぎ

くま

いぬ

ボタン

ねこ

P.38 てるてるぼうずの吊るし飾り

※てるてるぼうず以外は、
200％に拡大すると、
てるてるぼうずとのバランスがとれます。

てるてるぼうず

傘

雨粒　長ぐつ

雲

P.39 雨上がり♪　にじの窓飾り

キラキラ

かえる

雨粒

うさぎ

ひよこ

くま

水たまり

※木、川、あじさいは、167%に拡大すると、
ほかとのバランスがとれます。

葉

雨粒

うさぎ　　　りす

木

水たまり

草

あじさい

あじさいの葉

あじさいの花

かえる

川

くま

雲A

雲B

ひまわりC

ひまわりD

ひまわりE

ひまわりB

うさぎ

かぶとむし

ひまわりF

くま

ひまわりG

ひまわりA

りすA

ひよこA

ひよこB

りすB

●コピー型紙をご利用になる際には、このメッセージが見えるようにしっかり開くと、きれいにコピーをすることができます。

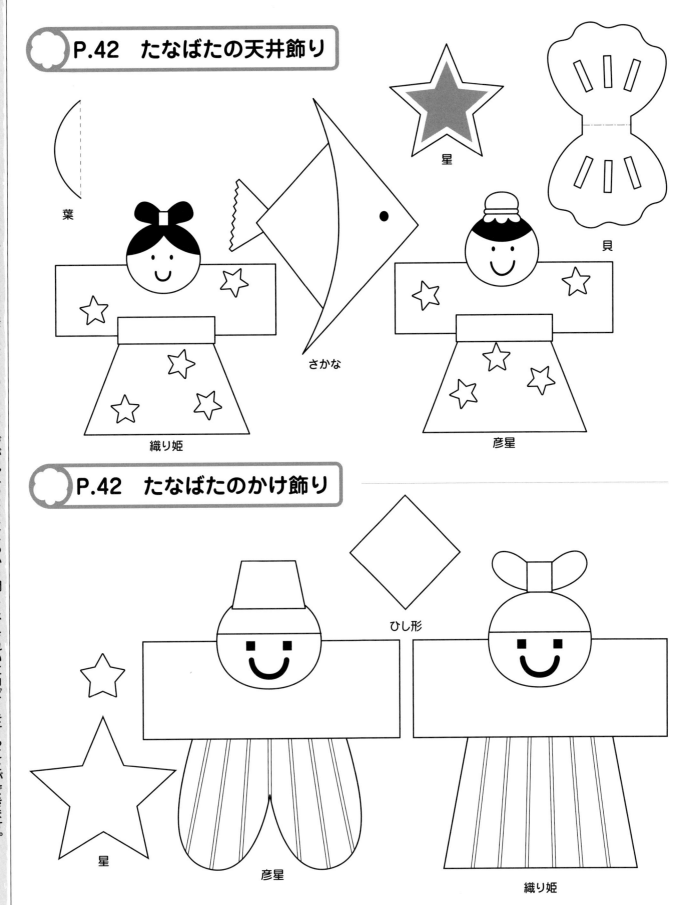

葉

星

貝

さかな

織り姫

彦星

P.42　たなばたのかけ飾り

ひし形

星

彦星

織り姫

P.43 ストローヒンメリ

さかな

P.44 わんぱくゴーヤちゃん

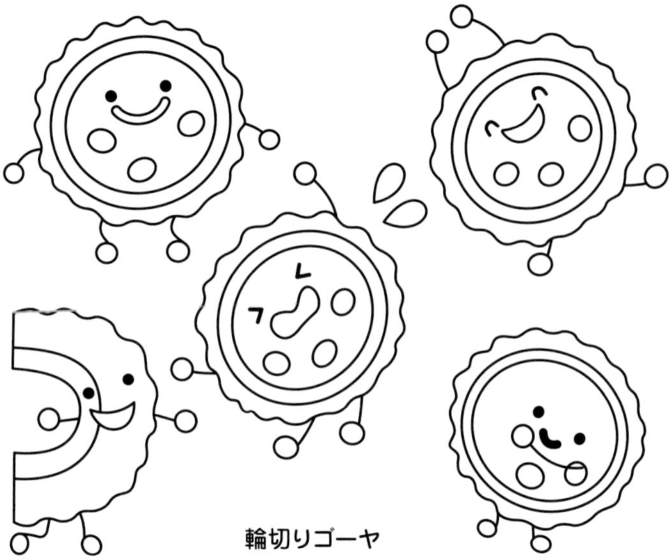

輪切りゴーヤ

ゴーヤの葉

とうもろこし

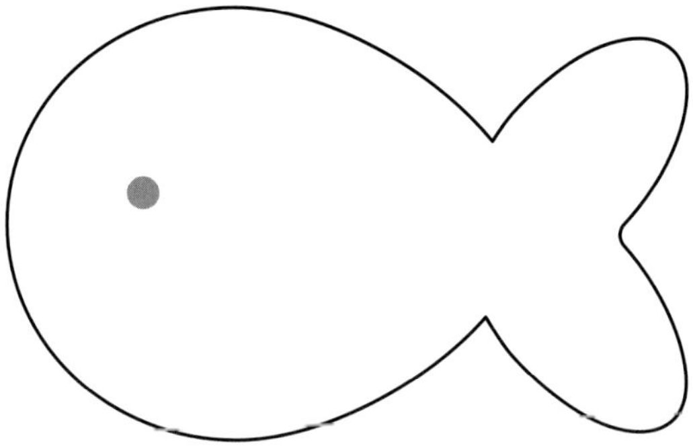

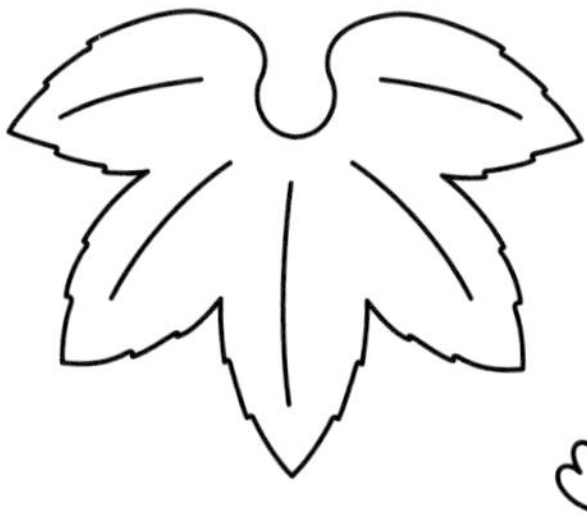

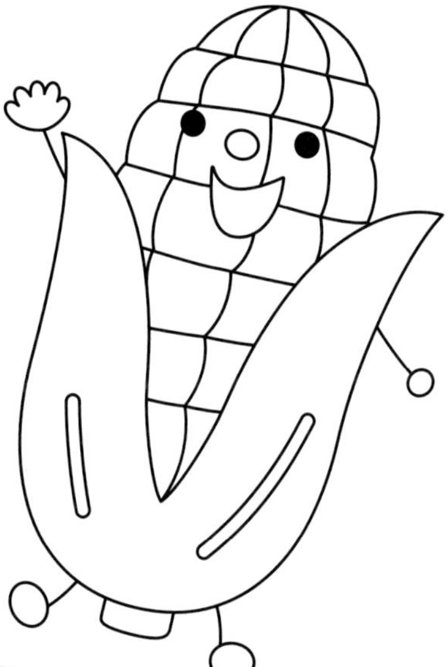

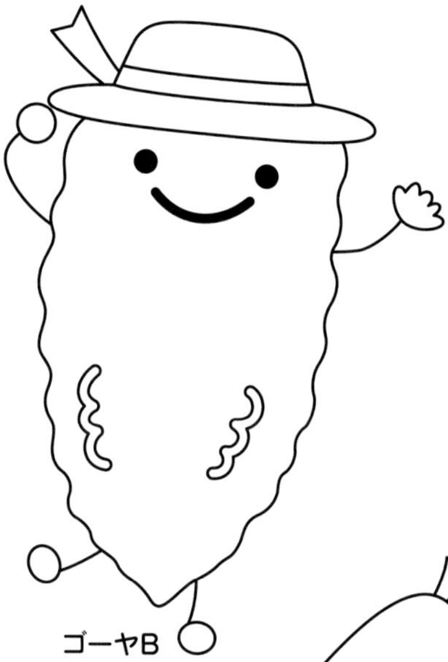

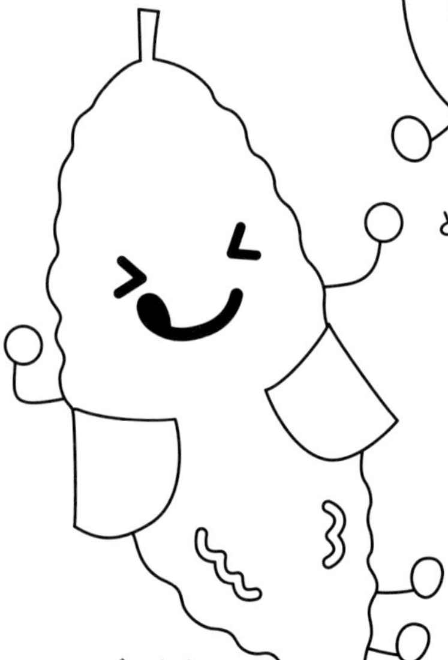

ゴーヤB

ゴーヤA

トマト

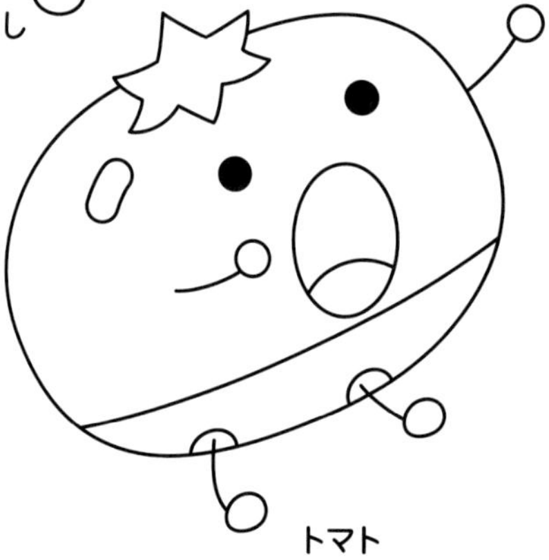

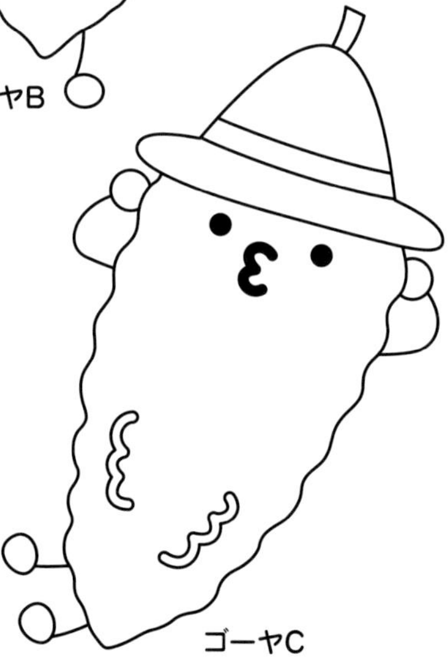

ゴーヤC

●コピー型紙をご利用になる際には、このメッセージが見えるようにしっかり開くと、きれいにコピーをすることができます。

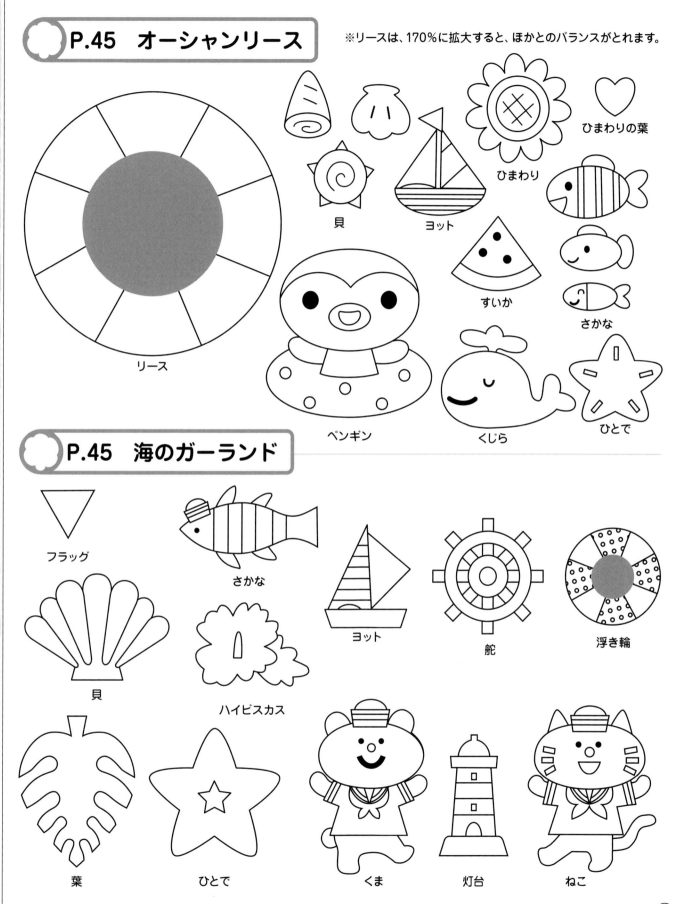

P.45　オーシャンリース

※リースは、170%に拡大すると、ほかとのバランスがとれます。

リース

貝

ヨット

ひまわり

ひまわりの葉

すいか

さかな

ペンギン

くじら

ひとで

P.45　海のガーランド

フラッグ

さかな

ヨット

舵

浮き輪

貝

ハイビスカス

葉

ひとで

くま

灯台

ねこ

※海藻は、200%に拡大すると、ほかとの
　バランスがとれます。

えい

たこA

くらげA

くじら

さかなA

かめA

かめB

くらげB

くらげC

さかなB

たこB

人魚姫

さかなD

さかなC

海藻

たこC

いるか

泡

●コピー型紙をご利用になる際には、このメッセージが見えるようにしっかり開くと、きれいにコピーをすることができます。

98

※ワゴン車は、150％に拡大すると、ほかとのバランスがとれます。

うさぎ

ねずみ

しろくま

ワゴン車

看板

P.49　水あそびグッズのガーランド

しずく　水滴　さかな

太陽　バケツ　ふね

かに

キラキラ

うさぎ

ペンギン　ひよこ　くじら　ボール

フラッグ　丸

P.49　ひまわりさん、お水をどうぞ♥

※はしごは、200％に拡大すると、
ほかとのバランスがとれます。

ひまわりA　うさぎ　ひまわりB

りす　ひまわりD　はしご　くま　ひまわりC

P.50～51　夏の夜空にキラキラ花火

※木、茂みは、150％に拡大すると、ほかとのバランスがとれます。

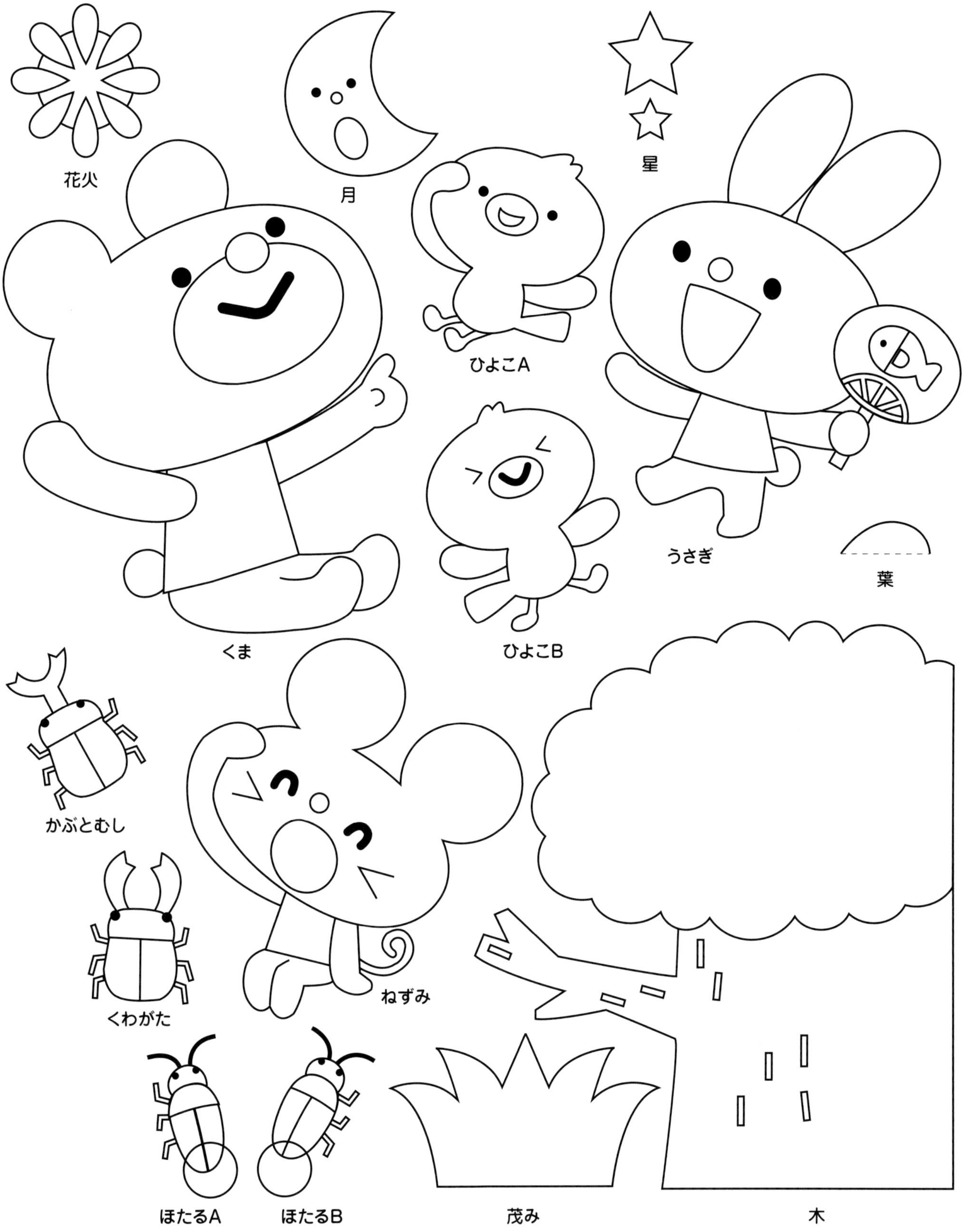

花火
月
星
ひよこA
うさぎ
葉
くま
ひよこB
かぶとむし
くわがた
ねずみ
ほたるA
ほたるB
茂み
木

●コピー型紙をご利用になる際には、このメッセージが見えるようにしっかり開くと、きれいにコピーをすることができます。

※かき氷のお皿は、150％に拡大すると、
ほかとのバランスがとれます。

氷

旗

ひょう

わに

しまうま

丸

ライオン

かき氷のお皿

シロップ

P.53　あさがおがパッと咲いたよ！

あさがおの葉

ひよこA

くま

りす

うさぎ

植木鉢

ひよこB

ベンチ

P.54　キラキラど〜ん！　花火があがったよ

星

うさぎ

くま

ねずみ

ねこ

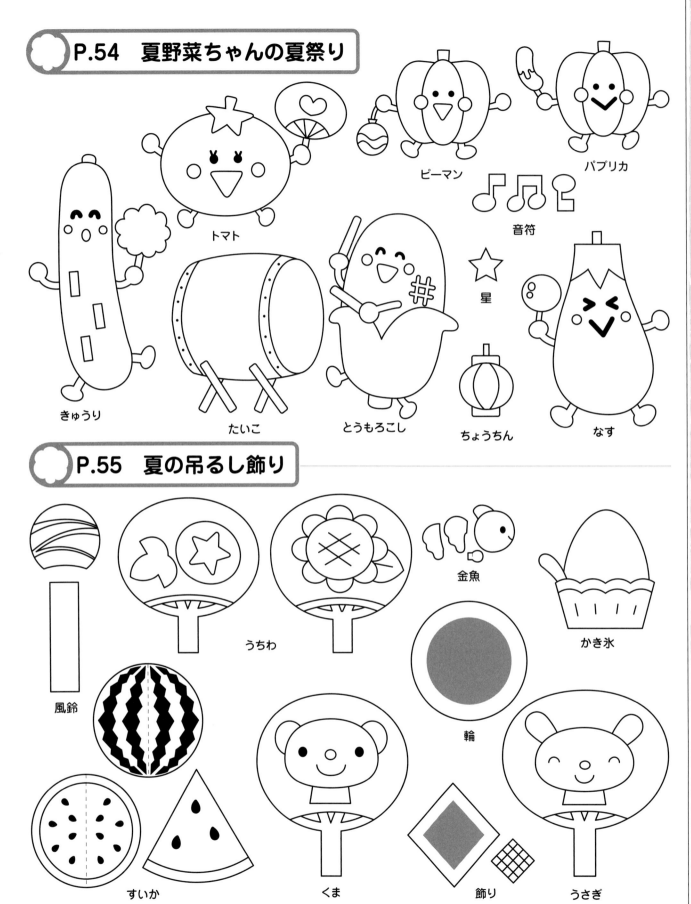

P.54　夏野菜ちゃんの夏祭り

トマト

ピーマン

パプリカ

音符

星

きゅうり

たいこ

とうもろこし

ちょうちん

なす

P.55　夏の吊るし飾り

うちわ

金魚

かき氷

風鈴

輪

すいか

くま

飾り

うさぎ

P.55 Let's ダンス！ ようかい盆踊り

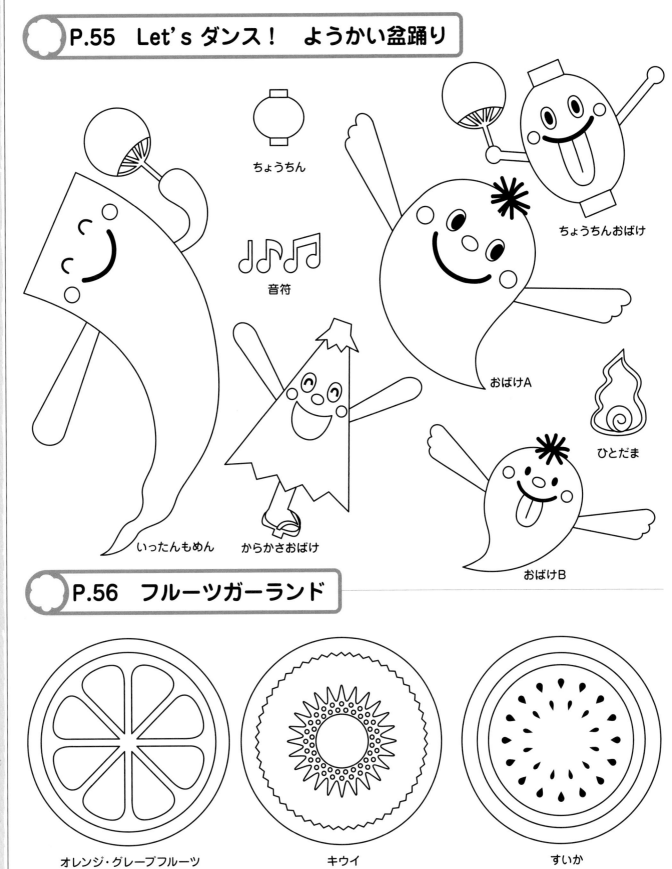

ちょうちん

音符

ちょうちんおばけ

おばけA

ひとだま

いったんもめん

からかさおばけ

おばけB

P.56 フルーツガーランド

オレンジ・グレープフルーツ

キウイ

すいか

音符

草

パイナップル

とり

ハイビスカスの葉

バナナ

ハイビスカスの花

さるB

さるA

P.57　ぞうさんシャワー

※水たまりは、167％に拡大すると、ほかとのバランスがとれます。

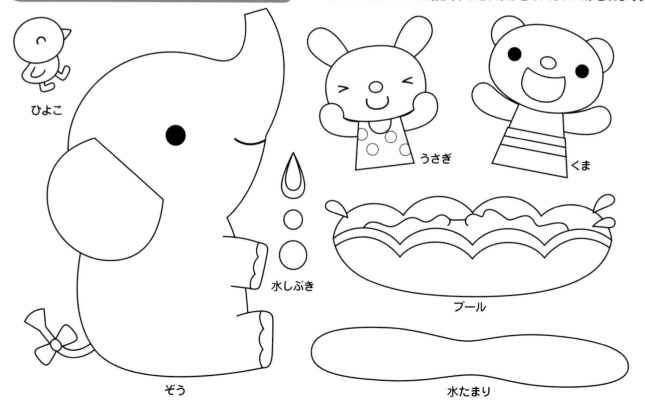

ひよこ

うさぎ

くま

水しぶき

プール

ぞう

水たまり

雲

りす

くま

ひよこC

うさぎ

ひよこA・B

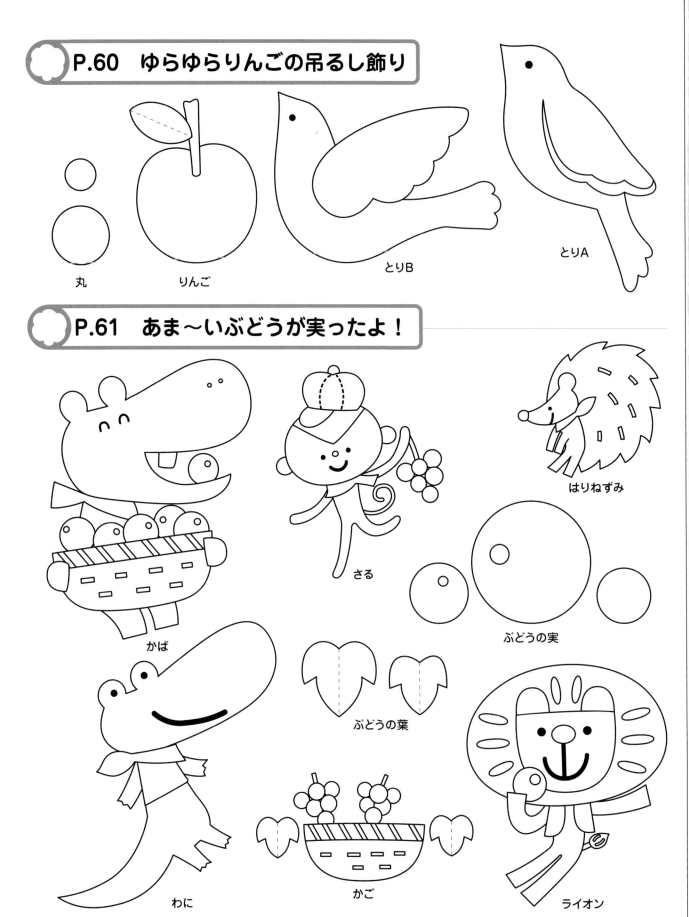

P.60 ゆらゆらりんごの吊るし飾り

丸

りんご

とりB

とりA

P.61 あま〜いぶどうが実ったよ！

かば

さる

はりねずみ

わに

ぶどうの葉

ぶどうの実

かご

ライオン

P.62　コスモスと音楽隊

ねこ

いぬ

くま

うさぎ

ねずみ

コスモスの葉

P.63　フルーツバスケットの壁かけ飾り

※バスケットは、200％に拡大すると、ほかとのバランスがとれます。

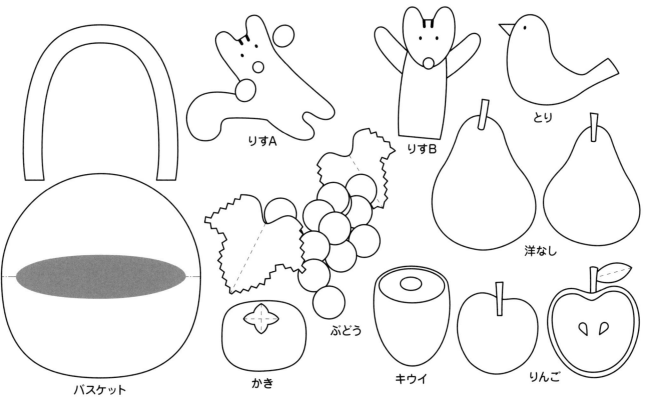

りすA

りすB

とり

洋なし

ぶどう

バスケット

かき

キウイ

りんご

きのこ

葉

●コピー型紙をご利用になる際には、このメッセージが見えるようにしっかり開くと、きれいにコピーをすることができます。

きのこA

とり

きのこB

きのこC

きのこD

きのこE

どんぐり

丸

葉

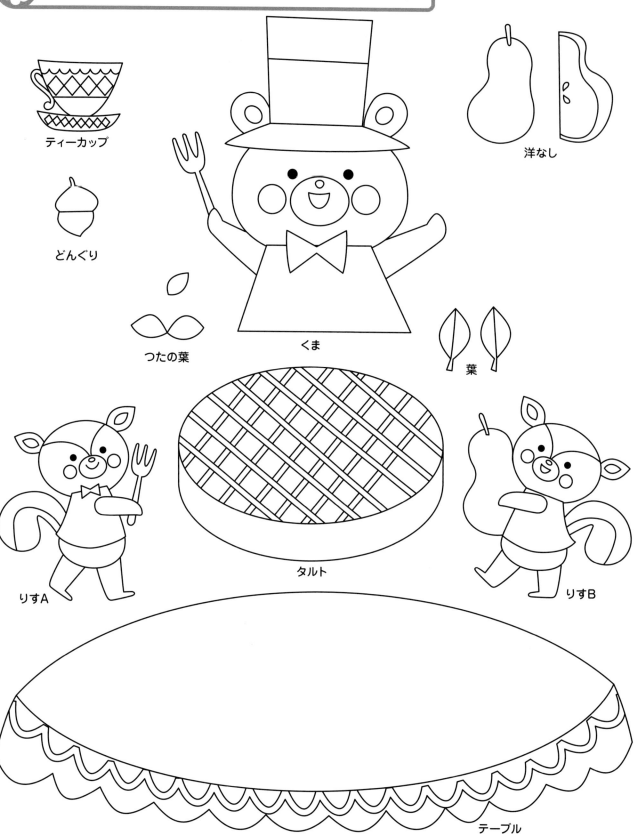

ティーカップ

どんぐり

つたの葉

くま

洋なし

葉

りすA

タルト

りすB

テーブル

●コピー型紙をご利用になる際には、このメッセージが見えるようにしっかり開くと、きれいにコピーをすることができます。